Bibliografische Information der Deutschen Nationalbibliothek:

Die Deutsche Bibliothek verzeichnet diese Publikation in der Deutschen National-
bibliografie; detaillierte bibliografische Daten sind im Internet über http://dnb.d-
nb.de/ abrufbar.

Impressum:

Copyright © 2017 GRIN Verlag, Open Publishing GmbH
Druck und Bindung: Books on Demand GmbH, Norderstedt Germany
ISBN: 9783668543867

Dieses Buch bei GRIN:

http://www.grin.com/de/e-book/376443/denkstil-und-diskurs-ludwik-flecks-entde-
ckung-und-entstehung-einer-wissenschaftlichen

Florian Leiffheidt

Denkstil und Diskurs. Ludwik Flecks "Entdeckung und Entstehung einer wissenschaftlichen Tatsache" und deren Bedeutung für die Diskurslinguistik

Am Beispiel der Gastrechtdebatte um Sahra Wagenknecht

GRIN Verlag

GRIN - Your knowledge has value

Der GRIN Verlag publiziert seit 1998 wissenschaftliche Arbeiten von Studenten, Hochschullehrern und anderen Akademikern als eBook und gedrucktes Buch. Die Verlagswebsite www.grin.com ist die ideale Plattform zur Veröffentlichung von Hausarbeiten, Abschlussarbeiten, wissenschaftlichen Aufsätzen, Dissertationen und Fachbüchern.

Besuchen Sie uns im Internet:

http://www.grin.com/

http://www.facebook.com/grincom

http://www.twitter.com/grin_com

Denkstil und Diskurs

-

LUDWIK FLECKS „*Entstehung und Entwicklung einer wissenschaftlichen Tatsache*" und deren Bedeutung für die Diskurslinguistik

Universität Greifswald
Institut für Germanistische Sprachwissenschaft
WS 2016/2017
17. 01. 17

Modul:	Aufbaumodul III Sprachwissenschaft
Veranstaltung:	Grundlagen der Diskurslinguistik
Referierender:	Florian Leiffheidt

Gliederung

Gliederung

1   Vita und Bedeutung Ludwik Flecks

1   Vita und Bedeutung Ludwik Flecks

„In den zwanziger und dreißiger Jahren widmete er die Abendstunden regelmäßig der Lektüre philosophischer, soziologischer und wissenschaftsgeschichtlicher Literatur."

Fleck 1980, XVII

1   Vita und Bedeutung Ludwik Flecks

„Fleck und seinen Mitgefangenen gelang es, unbemerkt von der SS, lediglich wirkungslosen Impfstoff [gegen Typhus] herzustellen, der in hohen Mengen an die SS geliefert wurde, die geringen Mengen der Produktion wirksamen Impfstoffes wurden für Mithäftlinge im Lager verwandt."

FLECK 1980, XIII

1   Vita und Bedeutung Ludwik Flecks

„Die im wahrsten Sinne des Wortes externen Bedingungen der Wissenschaft, die Fleck in seinem Buch erörtert hatte, ließen eine Rezeption kaum zu. Der polnische Jude konnte im Deutschland der Nazis kein Interesse finden. [...] Die deutschsprachigen Zentren der Wissenschaftstheorie [...] lösten sich [während des Nationalsozialismus] auf. Carnap, Popper [...] gingen in die Emigration. Flecks Buch gehörte jedoch nicht zu jenem Ideengut, das auf diesem Weg in die angelsächsischen Länder exportiert und weiterentwickelt wurde."

Fleck 1980, VIII f.

1   Vita und Bedeutung Ludwik Flecks

„Thomas S. Kuhn bemerkt im Vorwort zu *The Structure of Scientific Revolutions* (1962), da[ss] er in Flecks Buch viele seiner Ideen vorweggenommen fände und die wissenssoziologische Wende seiner Studien auf die Lektüre Flecks zurückgehe."

Fleck 1980, IX

2 Entstehung und Entwicklung wissenschaftlicher Tatsachen

2.1 Wissenschaftskonzept nach Fleck

2.1 Wissenschaftskonzept nach Fleck

„Wissenschaft ist für ihn **kein formales Konstrukt**, sondern eine **Tätigkeit**, veranstaltet von Forschungs**gemeinschaften**."

Fleck 1980, VIII

2.1 Wissenschaftskonzept nach Fleck

- Wissen / Wissenschaft
  - unterliegt externen Faktoren
    - Geschichte, Politik, ...
  - soziologisch und kulturell bedingt
  - nicht durch Logik beschreibbar
  - nichts Statisches – Aspekt der Fortführung & Entwicklung
  - nichts Individuelles → Ergebnis eines Kollektivs → **Denkkollektiv**

2 Entstehung und Entwicklung wissenschaftlicher Tatsachen

2.2 Denkkollektiv

2.2 Denkkollektiv

- Erkenntnis → soziales Phänomen
  - Keine Zweiseitigkeit in Relation Subjekt-Objekt
  - ,X erkennt Y' – nicht ausreichend, verlangt „Zusatz" (Fleck, 54)
    - dritte Größe: Denkkollektiv

2.2 Denkkollektiv

„Definieren wir ,Denkkollektiv' als **Gemeinschaft** der Menschen, die im Gedanken**austausch** oder in gedanklicher **Wechselwirkung** stehen, so besitzen wir in ihm den Träger geschichtlicher Entwicklung eines Denkgebietes, eines bestimmten **Wissensbestandes** und **Kulturstandes**, also eines besonderen **Denkstiles**."

Fleck 1980, 54f.

2.2 Denkkollektiv

- Aspekt der Zugehörigkeit - Eingeweihte
- Austausch – Wechselwirkung
  - kein Austausch → keine Erkenntnis → keine wiss. Tatsache
- Erkenntnis = sozial bedingt
- Kollektivvorstellungen wichtig für wiss. Erkenntnis, NICHT individuelle Vorstellungen
- Gedankenaustausch durch _Sprache_

Sprache im Denkkollektiv

„Worte, früher schlichte Benennungen, werden Schlagworte; Sätze, früher schlichte Feststellungen, werden Kampfrufe. Dies ändert vollständig ihren denksozialen Wert: sie erwerben magische Kraft, denn sie wirken geistig nicht mehr durch ihren logischen Sinn – [...] sondern durch ihre bloße Gegenwart."

Fleck 1980, 59

2.2 Denkkollektiv

zufällige Denkkollektive

- zwei oder mehrere Menschen
- zufällige Begegnung samt Gedankenaustausch

stabile Denkkollektive

- zwei oder mehr Menschen
- zielgerichteter Austausch
- etablierter Denkstil samt Beharrungstendenz

Denkkollektiv und Individuum

„Ein Individuum gehört eben mehreren Denkkollektiven an. Als Forscher gehört es zu einer Gemeinschaft [...]. Als Parteimitglied, als Angehöriger eines Staates, eines Landes, einer Rasse usw. gehört es wiederum anderen Kollektiven an. [...] Das Individuum lässt sich also ebensosehr aus kollektivem Standpunkte, als umgekehrt das Kollektiv aus individuellem untersuchen [...]."

Fleck 1980, 61

2.2   Denkkollektiv

- Struktur
  - Kreise um Denkgebilde – Überschneidungen (Individuum und Kollektiv)
  - Aspekt der Esoterik bzw. Exoterik
    - Elite bzw. Masse
  - „Hierarchie des Eingeweihtseins" (Fleck, 138)

Esoterik und Exoterik des Denkkollektivs

- *esoterischer* Kreis
  - Eingeweihte (Sachverständige) – Elite
  - „strebt danach, das Vertrauen der Masse zu bewahren" (Fleck, 139)

- *exoterischer* Kreis
  - fehlende Beziehung zu Denkgebilde
  - abhängig von Vermittlung durch Sachverständige

2.2 Denkkollektiv

- Denksolidarität – gemeinsame Denkansichten, mentaler ‚Gleichstand'
- Denkkollektiv als Denkgemeinschaft
  - Sportler*innen
  - Soldat*innen
  - Politiker*innen
- gemeinsames Denken – gemeinsame Begriffe
- Denkkollektiv – Begriffskollektiv?

Sprache in Denkgemeinschaften

„Je spezieller, je inhaltlich begrenzter eine Denkgemeinschaft,

umso stärker die besondere Denk-Gebundenheit der Mitglieder.

[...] Spezielle Bezeichnungen, wie z.B. Match, [F]oul, [W]alkover im

Sportleben; [...] Saldo, [K]onto [...] im Börsenleben; Staffage,

Expression in der Kunst – werden innerhalb ihres Denkkollektives

ungeachtet natürlicher Sprachgrenzen gebraucht[.]"

Fleck 1980, 141

2.2 Denkkollektiv

- Denkkollektiv – <u>durch gemeinsamen **Denkstil**</u> verbunden
  - Denkstil (relativ) fest – *Beharrungstendenz*

2 Entstehung und Entwicklung wissenschaftlicher Tatsachen

2.3 Denkstil

2.3   Denkstil

- liefert innerhalb Denkkollektiv Festlegungen für
  - *Probleme* (Themen/Fragestellungen/Aufgabenfelder)
  - *Urteile* (Aussagen)
  - *Methoden* (Beschreibungswege)

- Festlegung der Wahrheit eines Denkkollektivs
  - „stilgemäße Auflösung, nur singulär möglich" (Fleck 1980, 131)

Wahrheit im Denkkollektiv

„Man kann nie sagen, derselbe Gedanke sei für A wahr und für B falsch. Gehören A und B demselben Denkkollektive an, dann ist der Gedanke entweder für beide wahr oder falsch.

Gehören sie aber verschiedenen Denkkollektiven an, so ist es eben nicht derselbe Gedanke, da er für einen von ihnen unklar sein mu[ss] oder von ihm anders verstanden wird."

Fleck 1980, 131

Denkstil und Beharrungstendenz

- Denkstil innerhalb Denkkollektiv (= Denksystem) starr – Denk**zwang**

- Sicherung Denkstil → Beharrungstendenz

- gesichert durch fünf Strategien (vgl. Fleck, 40)
  a) Undenkbarkeit Widerspruch gg. Denksystem
  b) Ignoranz neuer nichtpassender Denkstile
  c) Verschweigen bekannter nicht passender Denkstile
  d) Anpassung an herrschenden Denkstil
  e) Beschreibung falscher Tatsachen zur Rechtfertigung des Denkstils

---

2.3   Denkstil

- Änderung Denkstil möglich durch
  a) *Egänzung*
  b) *Erweiterung*
  c) *Umwandlung*

- kein Verschwinden ursprünglicher Denkstile
  - Festhalten an Denkstil (Astrologie, Magie, Alchemie)
  - Prägung Denkstil durch Vorwissen
    - Wissen historisch bedingt (siehe 2.1)
  - ggf. Konstitution neuer Denkgebilde – Bsp. Schwere – Schwermut – Schwierigkeit (Fleck 1980, 167 f.)

Zusammenfassung

Denkkollektiv

- Gemeinschaft v. Individuen
- zufällige vs. stabile Kollektive
- Exoterik vs. Esoterik
- Hierarchie des Eingeweihtseins
- Denkgebilde
- je homogener, desto geschlossener

→ **Wer** gehört wie zum Denkgebilde?

Denkstil

- zielgerichtete Wahrnehmung
- Stabilität innerhalb Denkkollektiv
- Beharrungstendenz
- Beständigkeit trotz Veränderungsmöglichkeiten

→ **Was** wird innerhalb des Denkgebildes akzeptiert?

Waldemar Czachur:

„Ludwik Flecks

Denkstilansatz als

Inspiration für die

Diskurslinguistik"

Vorhaben

- „Schnittpunkte zwischen der epistemologischen und Diskurslinguistik und dem Denkstilansatz von Ludwik Fleck" ausmachen und erläutern

- linguistische Lesart Denkstilansatz Fleck

- bisher nur wenig umgesetzt
  - Antos
  - Fix

Gemeinsamkeiten

- Veränderung Denkstrukturen & Denkgebilden
  - sprachliche Vorgänge

„Denn – auch wenn Fleck den Sprach- und Diskursbegriff nicht ins Zentrum seiner Reflexion stellt – stellt er nicht die wahrnehmungsorientierende und wirklichkeitskonstituierende Funktion von Sprache in seinen erkenntnistheoretischen Überlegungen in Frage."

Czachur 2013, 3

Gemeinsamkeiten

- Bedeutungen – nicht starr
  - kommunikative Entstehung
  - „Träger des kollektiven Wissens"
  - „Machtfaktor einer Gemeinschaft" (siehe 2.)
- Kommunikation – gesellschaftlicher Prozess
  - kulturelle Bedingtheit – Wissensproduktion durch Diskurse
  - vgl. Wissenschaftskonzeption Fleck

Gemeinsamkeiten

- Schnittmengen Diskurslinguistik & Denkstilansatz
  - Kontextbezogenheit
  - Subjektivität / Perspektivität
  - Spezifik der Bedeutungskonstitution und Wissensproduktion
  - Spezifik des Sprachgebrauchs innerhalb bestimmter Kontexte

  → Sprache – welterschließend, wirklichkeitskonstituierend

Sprache in Denkgemeinschaften

„Je spezieller, je inhaltlich begrenzter eine Denkgemeinschaft, umso stärker die besondere **Denk-Gebundenheit** der Mitglieder. **Spezielle Bezeichnungen**, wie z.B. Match, [F]oul, [W]alkover im Sportleben; [...] Saldo, [K]onto [...] im Börsenleben; Staffage, Expression in der Kunst – werden **innerhalb ihres Denkkollektives** ungeachtet natürlicher Sprachgrenzen gebraucht[.]"

Fleck 1980, 141

Wissen als Gegenstand diskurslinguistischer Reflexion

- pragmatisch-kognitiv orientierte Linguistik
  - Rückgriff auf vorhandenes Wissen – „gesellschaftlich anerkannt"
  - Profilierung von Wissen innerhalb des/der Diskurse/s
  - Formierung von Wissen: Texte
    - Texte als Handlungen innerhalb von Diskursen
  - Sinn und Bedeutung in Diskursen durch Texte verhandelt
  - Interpretationen, Umdeutungen von Wissen (= Wirklichkeit) in Diskursen

Wissen als Gegenstand diskurslinguistischer Reflexion

- sprachliches Handeln auf kollektives Wissen rückführbar
- Busse: Historische Semantik
  - Konstitution, Konstanz, Tradierung und Wandel von Bedeutungen
    - abhängig von gesellschaftlichen (= kollektiven) Faktoren und Prozessen

Wissen als Gegenstand diskurslinguistischer Reflexion

„Das zentrale Ziel der Diskurslinguistik ist es, kollektives Wissen vergangener Zeiten, aber auch aktuelles kollektives Wissen zu erforschen. Dadurch wird das jeweils geltende kollektive Wissen zu einem Thema in einer bestimmten Zeitspanne als ein sprachlich konstruiertes ‚Wissen' deutlich, das andere Wissenselemente ausschließt oder in den Hintergrund drängt. Durch die Analyse sollen auch Verfahren der Durchsetzung bestimmten sozialen ‚Wissens' in den Blick genommen werden."

Wengeler 2013, 52

Wissen als Gegenstand diskurslinguistischer Reflexion

- Erkenntnisinteresse
  - Erfassung von Produktion, Transport, Rezeption von Wissens- und Deutungsbeständen innerhalb gesellschaftlicher Diskurse
  - Beschreibung der spezifischen Regeln bzgl. Konstruktion von Wissen, Argumentation und Verteilung innerhalb der jeweiligen Kollektive
    - Denkkollektive als Diskurskollektive (als Bedeutungskollektive?)

Diskursive Aushandlungsprozesse nach Fleck

- Diskursbegriff – Wengeler
  - Anlehnung an Foucault
    - Diskurs = „sozial- und kulturgeschichtlich bedingte Denksysteme oder -strukturen, die für jedes Mitglied einer sozialkulturellen Gemeinschaft verbindlich sind" (Wengeler 2005, 270)
  - Spitzmüller/Warnke
    - Verweis auf kollektiven und heterogenen Charakter der Denkkollektive
- Unfreiheit des Subjektes innerhalb Diskurs
  - Sagbarkeit / Unsagbarkeit – innerhalb / außerhalb geltenden Denkstils

Diskursive Aushandlungsprozesse nach Fleck

- Ziel
  - Darstellung Diskurs als Ergebnis von Wechselwirkungen mit anderen Diskursen
  - Darstellung der Dynamik des Wissenproduktionsprozesses
- Exoterik / Esoterik von Denkgebilden
  - Beachtung des Subjektes (Individuums)
  - bisher in Diskurslinguistik wenig beachtet
- Aufeinanderprallen verschiedener Denkstile

Konsequenzen

- kollektives Wissen – durch Denkstile verschiedener Kollektive generiert
- Analyse Denkstil(e) → Erschließen von kollektiven Wissensformationen
- Analyse konkreter Debatten (intrakollektiver Denkverkehr) → Sichtbarmachen des Prozesses der Wissensgenerierung (bzw. Bedeutungskonstitution)
- Analyse Diskurshandelnde → ! Änderungen Position im Diskurs möglich – Individuum kann mehreren Kollektiven angehören

4 Vom „Gastrecht" und „Sahra Croft"
-
Sahra Wagenknechts Äußerungen im Flüchtlingsdiskurs im Spiegel des Denkstil- und Denkkollektivansatzes

4.1 Die Äußerungen Sahra Wagenknechts im Flüchtlingsdiskurs

4.1 Die Äußerungen Sahra Wagenknechts im Flüchtlingsdiskurs

„Gerade in der ganzen Diskussion um die Köln-Ereignisse ist völlig klar: Wer Gastrecht missbraucht, der hat Gastrecht dann eben auch verwirkt."

[Sahra Wagenkecht während einer Pressekonferenz der Partei DIE LINKE am 11. Januar 2016; Quelle: https://www.youtube.com/watch?v=xrvB3nqSyb4]

4.1 Die Äußerungen Sahra Wagenknechts im Flüchtlingsdiskurs

„Gerade in der ganzen Diskussion um die Köln-Ereignisse ist völlig klar: **Wer _Gast_recht missbraucht, der hat _Gast_recht dann eben auch verwirkt.**"

[Sahra Wagenkecht während einer Pressekonferenz der Partei DIE LINKE am 11. Januar 2016; Quelle: https://www.youtube.com/watch?v=xrvB3nqSyb4]

4.1 Die Äußerungen Sahra Wagenknechts im Flüchtlingsdiskurs

Auszug aus einem stern-Interview vom 06. Januar 2017

Sie haben Merkels Satz „Wir schaffen das" als „leichtfertig" bezeichnet und der Kanzlerin vorgeworfen, viele Flüchtlinge erst ins Land gelockt zu haben. Das ist populistisch.

Nein, das ist die Wahrheit. Natürlich waren die unkontrolliert offenen Grenzen damals ein Anreiz.

Nein, das ist infam.

Ich habe in Flüchtlingsheimen mit Syrern gesprochen, sie waren tief frustriert, weil sie nach Monaten immer noch dort saßen und teilweise noch nicht mal einen Deutschkurs machen konnten. Sie haben mich gefragt: Warum hat Frau Merkel uns eingeladen? Merkel hatte keinen Plan und kein Konzept, das war letztlich schlimmer als nur leichtfertig. Ihre Politik hat viel Unsicherheit und Ängste erzeugt und die AfD groß gemacht.

4.1 Die Äußerungen Sahra Wagenknechts im Flüchtlingsdiskurs

Mit Ihrer Kritik an Merkel unterstellen Sie, es seien zu viele Flüchtlinge im Land. Dann müssten Sie konsequenterweise auch sagen, wie viele gehen sollen.

Es geht um die unkontrollierte Grenzöffnung, die in ganz Europa kritisiert wurde. Es gibt in Deutschland ein Grundrecht auf Asyl. Aber es war unverantwortlich, eine Situation zuzulassen, in der wir noch nicht mal mehr wussten, wer ins Land kommt. Und natürlich ist Integration nur möglich, wenn es genügend Arbeitsplätze, genügend Wohnraum gibt. Merkel hat sich um all das kaum gekümmert. Außerdem: Wer trägt die Kosten? Werden sie auf Mittel- und Geringverdiener abgewälzt, führt das zu großer Abwehr, die sich dann von rechts instrumentalisieren lässt.

4.1 Die Äußerungen Sahra Wagenknechts im Flüchtlingsdiskurs

Ist nach Ihrer Logik Angela Merkel etwa auch für den jüngsten Terroranschlag in Berlin verantwortlich? Der Täter war ein Flüchtling aus Tunesien, der zwar schon im Juli 2015 nach Deutschland kam, aber die Überforderung der Behörden infolge des Massenansturms im vergangenen Jahr ausgenutzt hat.

Es gibt eine Mitverantwortung, aber sie ist vielschichtiger. Neben der unkontrollierten Grenzöffnung ist da die kaputtgesparte Polizei, die weder personell noch technisch so ausgestattet ist, wie es der Gefahrenlage angemessen wäre. Ebenso fatal ist die Außenpolitik: die von Merkel unterstützten Ölkriege der USA und ihrer Verbündeten, denen der „Islamische Staat" erst seine Existenz und Stärke verdankt.

[http://www.sahra-wagenknecht.de/de/article/2473.merkels-politik-hat-die-afd-gro%C3%9F-gemacht.html]

Vom „Gastrecht" und „Sahra Croft"
-
Sahra Wagenknechts Äußerungen im Flüchtlingsdiskurs im Spiegel des Denkstil- und Denkkollektivansatzes

Reaktionen auf die Äußerungen Wagenknechts

Gastrechtdebatte

Stefan Liebich ✔
@berlinliebich

▼ Folgen

Es gibt kein #Gastrecht das ein Flüchtling verwirken könnte, sondern es gilt die Genfer Flüchtlingskonvention.
facebook.com/berlinliebich/...
08:34 - 12 Jan 2016

↩   ⇄ 85   ♥ 90

https://twitter.com/berlinliebich/status/686813554482262016

Gastrechtdebatte

Jan van Aken ✓
@jan_vanaken

📖 Folgen

"Wer Gastrecht missbraucht, hat Gastrecht verwirkt" - das ist
keine linke (und bislang auch keine LINKE) Position!
youtube.com/watch?v=R0EiaY...
08:29 - 12 Jan 2016

↩ ⟲ 24 ♥ 33

https://twitter.com/jan_vanaken/status/686812351631331328

Gastrechtdebatte

Halina Wawzyniak ✓
@Halina_Waw

📖 Folgen

in welchem gesetz steht "gastrecht"? was es nicht gibt, kann
auch nicht verwirkt werden. flucht & asyl sind menschenrecht.
unverwirkbar!
23:38 - 11 Jan 2016

↩ ⟲ 45 ♥ 76

https://twitter.com/halina_waw/status/686678568567488512

Gastrechtdebatte

Alexander Fischer
@alexfischer

 Folgen

Das Asylrecht ist ein Grundrecht und kein Gastrecht.

18:53 - 11 Jan 2016

↩ ⇄ 57 ♥ 70

---

astrechtdebatte

Beschluss: 2016/002 GV

Kein Gast- oder Gnadenrecht: Asylrecht ist Menschenrecht

Beschluss des Geschäftsführenden Parteivorstandes vom 12. Januar 2016

Für DIE LINKE ist das Prinzip des Rechtsstaats unverhandelbar. Straftaten müssen für alle Menschen die gleichen Rechtsfolgen – unabhängig von Geschlecht, sexueller Orientierung, Äußerem oder Herkunft – haben. Das Aufenthalts- und Asylrecht ist kein Strafrecht zweiter Klasse. Sie dürfen nicht als Sonderstrafrecht für Geflüchtete und Menschen ohne deutschen Pass missbraucht werden.

Wenn die Bundesregierung im Kontext der verabscheuungswürdigen sexuellen Übergriffe von Köln und anderen Städten in der Neujahrsnacht nun plant, Aufenthaltsbestimmungen im Aufenthaltsrecht so zu verschärfen, dass die Abschiebung eine weitere Folge neben einer Bestrafung nach dem Strafrecht ist, so lehnen wir diese doppelte Bestrafung als rechtsstaatswidrig ab. DIE LINKE lehnt Abschiebungen ab.

Die sexuellen Übergriffe und Eigentumsdelikte in Köln müssen konsequent verfolgt werden. Das Asylrecht ist und bleibt ein Menschenrecht, dieses Menschenrecht darf nicht als Sanktionsrecht missbraucht werden. Das Asylrecht ist im Grundgesetz und Völkerrecht (Genfer Flüchtlingskonvention u.a.) verankert, ist somit auch die geltende Rechtslage. Als Menschenrecht gilt es universell – es ist weder ein Gnaden- noch ein Gastrecht, das verwirkt werden kann. Wir setzen uns gegen rassistische Stigmatisierung von Flüchtlingen und Muslimen im Nachgang der Kölner Ereignisse ein.

http://www.die-linke-bw.de/nc/politik/presse/detail/zurueck/presse/artikel/
kein-gast-oder-gnadenrecht-asylrecht-ist-menschenrecht/

Marcus Pretzell (AfD) über die Äußerungen Wagenknechts

Marcus Pretzell
@MarcusPretzell

 Follow

Eine kluge Frau. Und ich meine nicht Merkel.
twitter.com/zeitonline/sta...
4:11 PM - 4 Jan 2017

 128   288   https://twitter.com/marcuspretzell/status/816663324645539842?
lang=de

Peter Tauber (Generalsekretär der CDU) über die Äußerungen Wagenknechts im stern-Interview

> Sahra Wagenknecht und Frauke Petry sind das doppelte Lottchen des Populismus in Deutschland.
>
> Dr. Peter Tauber

Quelle:
https://www.facebook.com/tauber.peter/photos/a.157849984306667.36951.154308617994137
/1215631495195172/?type=3&theater

Bernd Riexinger (LINKSPARTEI) zu den Äußerungen Sahra Wagenknechts vom 06. Januar 2017

"Wir werden innerparteilich ganz klar kommunizieren, dass sich **auch die Spitzenkandidaten** an die **Programmatik** und die **Kernaussagen**, die die Linke betreffen, **zu halten haben.,,**

Quelle:

http://www.zeit.de/politik/deutschland/2017-01/die-linke-sahra-wagenknecht-bernd-riexinger-kritik, abgerufen am 16.1.17

Provokationskurs

Sahra Croft

http://www.spiegel.de/politik/deutschland/sahra-wagenknecht-wird-mit-provokationen-zum-wahlkampf-problem-a-1129655.html

Sahra Wagenknecht will die AfD im Wahlkampf mit ihren eigenen Waffen schlagen. Ob das der Linkspartei Stimmen bringt, ist ungewiss. Das Risiko dagegen ist groß.

 Von Kevin Hagen ∨

Aufgabe (GA: 2-3 Studierende)

Wie lässt sich die Position Sahra Wagenknechts

    a) innerhalb des Denkstils ihrer Partei und

    b) innerhalb des Flüchtlingsdiskurses beschreiben?

Welche Strategien im Umgang mit ihrer Position sind in dem SPIEGEL-Online-Artikel erkennbar?

Wie ließe sich der Streit innerhalb des Flüchtlingsdiskurses ggf. visualisieren?

Lichtung

manche meinen
lechts und rinks
kann man nicht velwechsern
werch ein illtum

ERNST JANDL

https://www.staff.uni-mainz.de/pommeren/Buchstabendreher/lechts.html, abgerufen am 17.1.2017

5 Quellen und Literaturangaben

- Literatur:
  - Czachur, Waldemar (2013): Ludwik Flecks Denkstilansatz als Inspiration für die Diskurslinguistik. In: *Ze itsc hrift de s Ve rba nde s po lnisc he r Ge rma niste n* 2013 (2), S. 141–150. Online verfügbar unter http://www.ejournals.eu/ZVPG/Tom-2(2013)/Zeszyt_2_(2013)/art/2643/, zuletzt geprüft am 13.01.2017.
  - Fleck, Ludwik (1980): Entstehung und Entwicklung einer wissenschaftlichen Tatsache. Einführung in die Lehre vom Denkstil und Denkkollektiv. Mit einer Einleitung herausgegeben von Lothar Schäfer und Thimas Schnelle. 10. Aufl. Frankfurt am Main: Suhrkamp (suhrkamp taschenbuch wissenschaft, 312).

5 Quellen und Literaturangaben

- Material zu Onlineartikeln
  - https://www.dropbox.com/sh/nom752kqd6fm33e/AAC-NY4NhsdlirPyR4l4KEfra?dl=0

Gliederung

1. Vita und Rezeption Flecks – ein (rezeptions)historischer Abriss
2. Begriffe
    a. Denkstil
    b. Denkkollektiv

3. Entstehung wissenschaftlicher Tatsachen
4. Czachur: „Flecks Denkstilansatz als Inspiration für die Diskurslinguistik"
5. Vom Gastrecht zum doppelten Lottchen des Populismus – Sahra Wagenknechts Äußerungen im Flüchtlingsdiskurs im Spiegel des Denkstil- und Denkkollektivansatzes nach Fleck
    a. Hintergrund und Aussagen Wagennknechts
    b. Reaktionen auf die Aussagen Wagenknechts
        i. Reaktionen innerhalb der LINKSPARTEI
        ii. Reaktion der CDU
        iii. „Sahra Croft" – Reaktion des SPIEGEL
    c. Versuch einer Skizzierung der Denkkollektive und Denkstile
6. Quellen-und Literaturangaben

1. **Vita und Bedeutung Ludwik Flecks – ein (rezeptions)historischer Abriss**
    - geboren 1896, gestorben 1961
    - jüdisch, in Polen aufgewachsen
    - Schulbildung, Medizinstudium
    - 1920 Assistent in Forschungslabor f Infektionskrankheiten → 1921 wissenschaftl Ass an Universität Lwów (Biologie innerhalb medizinischer Fakultät)
    - 1923: Gründung eines bakteriologischen Labors (privat)
        o Daneben verschiedene Anstellungen zum Lebensunterhalt
        o Forschung stets in seinem Privatlaboratorium
    - Forschungsgebiet: Verbesserung Diagnose TBC und SYPHILLIS (auch in EwT[1] eine Rolle spielend!)
    - Zwischen 1922-1939 37 medizinische wiss Arbeiten verfasst
    - Ausbruch WK II → Lwów = sowjetisch
    - Fleck: Dozierender und Abteilungsleiter am für Mikrobiologie der Uni
    - Gleichzeitig Direktor des städtischen bakteriologischen Labors Berater eines serologischen u mikrobiologischen Institutes der Stadt Lwów
    - !!! 1941: Überfall Dtl. Auf SU → Verlust der Anstellungen
    - Deportation in Ghetto Lwóws → dennoch **Forschung + Entwicklung eines Mittels gg Typhus aus Urin Typhuskranker**
        o trotz primitivster Bedingungen bzgl Forschung

---

[1] Entwicklung und Entstehung wissenschaftlicher Tatsachen

- Dezember 1942: Verhaftung Flecks (+Familie) durch SS + Deportation → Pharmafabrik „Laakoon"
  - Aufgabe Flecks: Produktion Impfstoff gg Typhus
- Februar 1943: Deportation nach Auschwitz → Verlegung in Block 10
  - Hygieneinstitut
  - Arbeit im serologischen Labor
- Januar 1944: erneute Deporation → Buchenwald
  - Arbeit im Labor zur Herstellung von Typhus-Impfstoff – Block 50
  -